글 생각연필

생각연필은 동화를 쓰고 있는 작가들이 모여
아이들에게 좋은 책을 선물하기 위해 노력하고 있어요.
출간도서로는 언제나 조심조심, 내 친구, 새 가방, 깨끗이 더 깨끗이, 배가 아파요,
여우와 두루미...등 다수의 작품들이 있습니다.

그림 겨울나무

대학에서 미술을 공부했어요.
아이들을 위한 동화그림을 그리면서 세상과 이야기하는 그림 작가 입니다.
그린 책으로는 오일장 나들이, 꽉돌이의 안전여행, 폴짝폴짝 개구리 등이 있습니다.

추천 이명인

간호학박사, 원광보건대학교 교수
응급전문간호사

펴낸곳 도서출판대원 | 펴낸이 김원호 | 출판등록 제2010-0006호
전자우편 ddorae59@naver.com | 홈페이지 www.daewon-book.com | 문의전화 070-7743-6999

이 책은 저작권법에 따라 보호를 받는 저작물이므로 무단전재와 무단복제를 금합니다.
잘못된 책은 바꾸어 드립니다.

우산요정 삼총사

글 조윤희 / 그림 겨울나무

도서출판대원

"하늘에서 빗방울이 **툭툭** 내려오면
찾아오는 우리는 우산요정 삼총사!"

"안녕? 난 첫째 요정 빨강이!"
"안녕? 난 둘째 요정 노랑이!"
"안녕? 난 셋째 요정 초록이!"
우산요정들이 빗속에서 예쁘게
몸을 펼쳤어요.

우산요정들은 서로 성격이 달라요.
첫째 요정 빨강이는 뭐든지 빨리빨리!
둘째 요정 노랑이는 뭐든지 느릿느릿!
셋째 요정 초록이는 뭐든지 궁금해!

"그럼 나 먼저 간다."
동생들을 기다리던 빨강이는
먼저 달리기로 했어요.

쌩쌩~!
첫째 요정 빨강이가 달려가요.
너무 빨라서 바람을 타고 날아갈 것 같아요.

그때 노릴라가 찢어진 우산을 쓰고
달려왔어요.
"우산이 그게 뭐니?"

"나도 너처럼 서두르다가 넘어져서 우산이 찢어졌어."
"정말?"
"그래! 거리에서 빨리 달리는 건 너무 위험해."

노랑이와 초록이가
횡단보도를 건너려고 기다리고 있어요.

"천천히 가야해.
빨강언니처럼 빨리 가면 위험해."
초록불이 켜지자 노랑이와 초록이가 손을 들고
조심조심 길을 건너고 있어요.

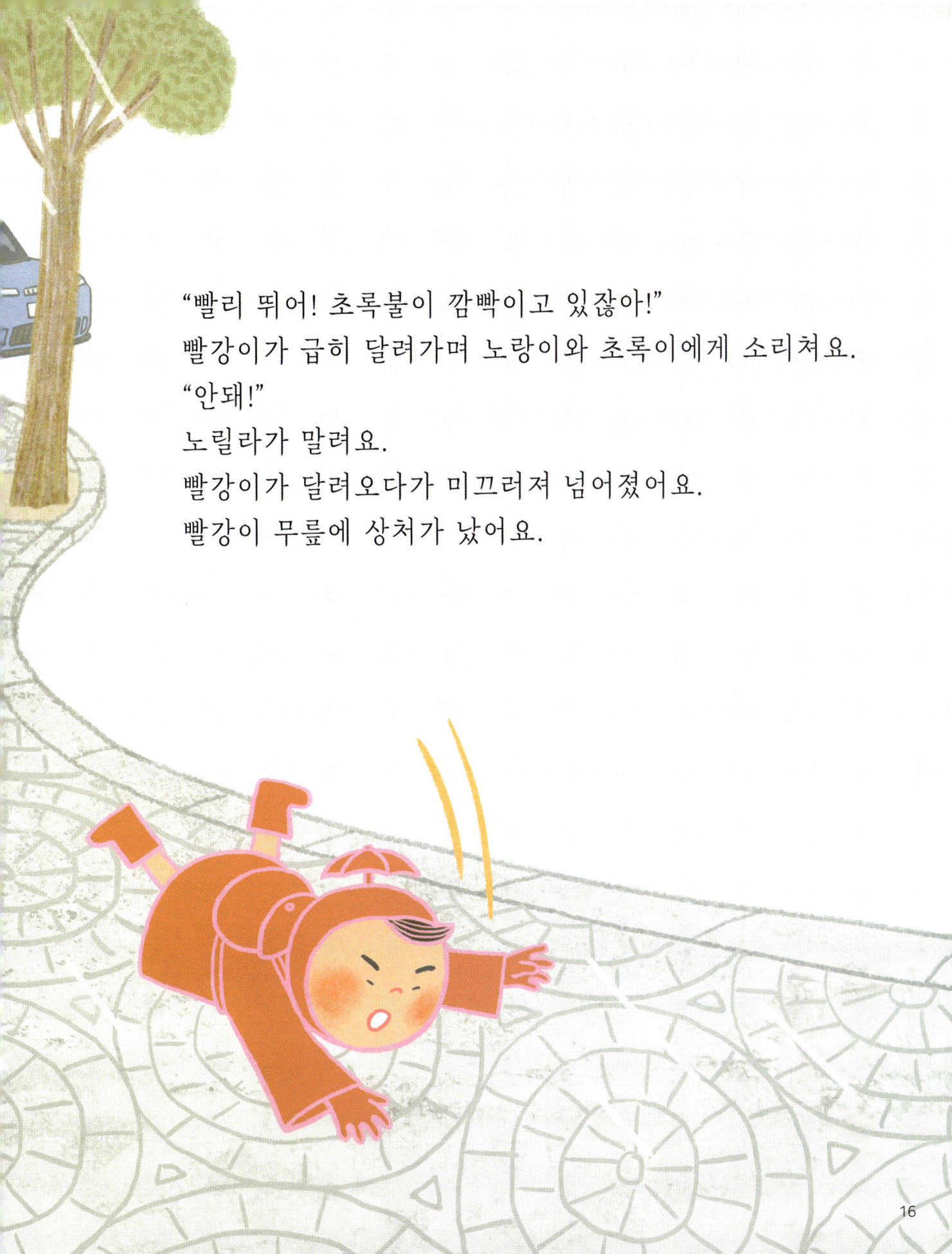
"빨리 뛰어! 초록불이 깜빡이고 있잖아!"
빨강이가 급히 달려가며 노랑이와 초록이에게 소리쳐요.
"안돼!"
노릴라가 말려요.
빨강이가 달려오다가 미끄러져 넘어졌어요.
빨강이 무릎에 상처가 났어요.

노릴라는 가방에서 밴드를 꺼내
빨강이 무릎에 붙여주었어요.
"언니, 많이 아파?"
노랑이랑 초록이도 걱정이 되어
빨강이를 바라보았어요.

"횡단보도는 무슨 색일 때 건너야 하지?"
노릴라가 물었어요.

첫째 요정 빨강이가 말했어요.
"내 이름이 빨강이니까,
빨간색!"

둘째 요정 노랑이가 말했어요.
"노란색!
내 이름이 노랑이니까."

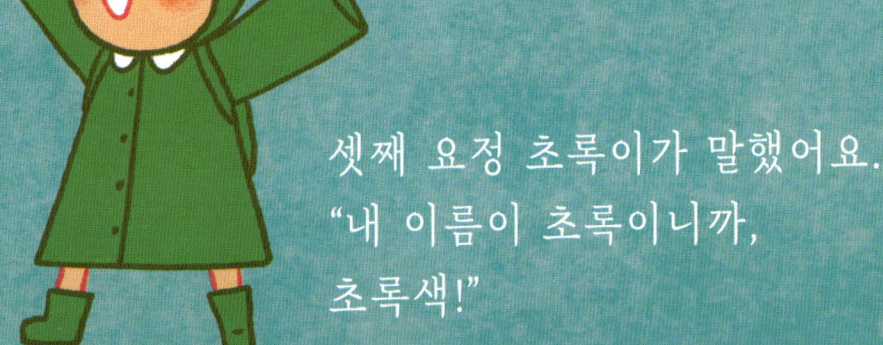

셋째 요정 초록이가 말했어요.
"내 이름이 초록이니까,
초록색!"

"정답은 초록색이야."
노릴라가 말하자, 초록이는 기뻐서 팔짝팔짝 뛰었어요.
"그런데 왜 초록색이야?"
초록이가 물었어요.

"빨간불일 때는 차가 다니는 거야.
사람들은 초록색일 때 건너야 해
안전하게 길을 건너기 위해
규칙을 정해 놓은 거야."

"초록색일 때 건너면
큰 나무 밑처럼 안전하니까 초록색."
초록이가 방긋 웃으며 말해요.

"아, 그렇구나."
우산요정들은 고개를 끄덕였어요.
"그럼 조심해!"
노릴라는 찢어진 우산을 펼쳐 들고 걸어갔어요.

"안녕! 잘가!"
우산요정들은 노릴라에게 빨간 손, 노란 손, 초록 손을 흔들었어요.
"횡단보도를 건널 때는 지금처럼 손을 흔들어"
"안녕!"

- 신호등에 초록불이 켜지면 횡단보도를 건너가요.
- 횡단보도를 건널 때는 손을 들고 건너요.
- 차가 오는 쪽 손을 먼저 들고 중앙선을 넘어가면 다른 손으로 바꿔 들어요.

우산요정들이 횡단보도를 건너가요.
빨강, 노랑, 초록 우산요정
신호등처럼 나란히 서서,
사이좋게 손잡고 걸어요.

횡단보도

★ 횡단보도에는 신호등이 있어요.

빨강(멈춰요)
노랑
초록(건너요)

★ 신호등이 있는 건널목을 건널 때 옳은 친구를 찾아보세요.

안전하게 건너요.

신호등에 초록 불이 켜지면 횡단보도를 건너요

횡단보도를 건널 때는 좌우를 잘 살피고 손을 들고 건너요.

건널목을 건널 때는 장난을 치거나 뛰지 않아요.

부모님을 위한 가이드
〈안전한 교통 생활〉

-유횡단보도

♣ 건널목을 안전하게 건너는 방법을 알려줘요.

* 횡단보도에서 길을 건널 때는 먼저 좌우를 살피고 건넌다.

* 신호등이 있는 건널목에서 초록 불인지 확인하고 차가 멈춘 후 건넌다.

* 신호를 무시하고 건널목을 건너지 않는다.

* 차가 오는 쪽 손을 먼저 들고, 중앙선을 넘으면 반대쪽 손을 들고 건넌다.

* 건널목을 건널 때 장난을 치거나 뛰지 않는다.

* 신호등이 없는 건널목에서는 차가 멈출 때까지 기다렸다가 건넌다.

* 육교가 있는 곳은 육교를 이용하여 안전하게 건넌다.